OBSERVATIONS

SUR LE PROJET DE LOI

CONCERNANT LA PROPRIÉTÉ LITTÉRAIRE,

RELATIVEMENT

AUX LIVRES D'USAGE

DES DIOCÈSES.

BESANÇON,

OUTHENIN-CHALANDRE FILS,

IMPRIMEUR DE MGR. L'ARCHEVÊQUE.

—

1841.

OBSERVATIONS

SUR LE PROJET DE LOI

CONCERNANT LA PROPRIÉTÉ LITTÉRAIRE,

RELATIVEMENT

AUX LIVRES D'USAGE

DES DIOCÈSES.

———————

« RÉUNIR, sous le même titre, tous les produits de la pensée, qui avaient fait, jusqu'ici, l'objet de dispositions spéciales , sans connexité entre elles ; résoudre les difficultés de la matière ; satisfaire à tous les intérêts qui se rattachent à la propriété littéraire ; » tel est le but annoncé par le gouvernement en présentant le projet de loi, déjà soumis à la chambre des pairs, et reproduit avec des amendements, qui exigent une nouvelle discussion dans les deux chambres.

Mais, pour atteindre le but proposé ; pour rendre la loi complète, il est nécessaire d'y joindre une disposition relative aux livres d'usage dont la propriété indéfinie est indispensable aux diocèses, objet d'une catégorie toute spéciale, qui tient

1

à la religion, et qui intéresse par conséquent l'ordre public[1].

Avant de faire connaître la législation ancienne ´et nouvelle sur cette matière, commençons par définir ce qu'on entend par *livres d'usage des diocèses*, dont il est si important de garantir l'authenticité, d'assurer l'exactitude, dans l'intérêt des doctrines religieuses et de l'unité.

Ces livres sont de trois espèces : les livres de liturgie et de chant ; les livres de direction pastorale ; et les livres d'instruction religieuse, dont l'autorité épiscopale prescrit l'usage aux fidèles.

A la première classe appartiennent les Missels, Antiphonaires, Graduels, Offices notés, tant *in-folio*, pour le lutrin, qu'en d'autres formats portatifs, les Eucologes, Paroissiens, livres d'Heures et autres, qui comprennent tout, ou partie, des offices de l'Eglise.

Dans la seconde classe se rangent les Rituels, Manuels, Sacerdotaux, Pastoraux, et autres ouvrages, qui retracent les rites et signalent les de-

---

[1] « L'ecclésiastique cultive une science spéciale ; or, cette » science n'est pas assez distincte du monde et de l'état, pour » qu'on ne puisse y trouver un peu d'influence salutaire, et lui » imprimer une direction progressive, qui la fasse concourir » au mouvement général. Il faut sans doute corriger les abus qui » naissent d'une trop grande richesse, d'une intervention illégale » dans les affaires de l'état, mais non pas exclure de la vie pu- » blique, l'élément le plus puissant du perfectionnement social. » (*Observations de Raumer, professeur d'histoire à l'université de Berlin, sur les réformistes d'Angleterre.*)

voirs des pasteurs, ainsi que les dispositions exi-
gées des fidèles, dans la concession, l'administration et la réception des sacrements. Les Statuts et
Ordonnances, soit provinciales, soit synodales,
rentrent aussi dans cette classe.

La troisième renferme les Catéchismes, grands
et petits, sur l'ensemble du dogme et de la morale;
les Catéchismes spéciaux sur certaines parties, telle
que la confirmation; les explications adaptées à
ces mêmes Catéchismes, d'une manière plus éten-
due, que publie, d'autorité, le premier pasteur
instruisant son peuple; les Formulaires ou livres
de Prières, donnés aux fidèles par l'évêque, qui,
d'après les canons, est non-seulement le régula-
teur de la prière publique, mais demeure chargé
d'instruire les fidèles sur la prière privée. Les
Mandements, Instructions pastorales, Lettres cir-
culaires au clergé ou aux fidèles sur des matières
d'instruction, sur la direction soit des pasteurs,
soit des ouailles, appartiennent également à cette
dernière classe.

Tels sont les livres-usages, qui, comme on le
voit, n'ont rien de commun avec les ouvrages de
controverse, ni même avec ceux qui tiennent de
plus près à la religion catholique; l'évêque ne
prétend, à leur égard, qu'au droit de censure,
l'une des branches de ses fonctions pastorales, et
qu'il peut exercer sur tous les livres qui ne lui pa-
raissent pas orthodoxes; mais cette censure ecclé-

siastique n'entraîne aucune prohibition civile, et ne forme point obstacle à la libre concurrence. Les livres de Prières, Méditations ou autres, ne rentrent pas même dans les Usages, à moins que l'auteur n'y joigne quelques parties de la liturgie, de la messe ou des vêpres, auquel cas ils doivent être considérés comme *livres d'usage*, à raison de l'indivisibilité.

Les Usages des diocèses sont donc restreints aux livres destinés, par l'évêque, à la célébration du service divin, à l'administration des sacrements, à la direction des pasteurs, et à l'instruction des fidèles.

Chacun reconnaît aux supérieurs ecclésiastiques le droit, ou plutôt l'obligation que les Conciles leur imposent, de surveiller attentivement les livres d'église à l'usage de leurs diocèses, et la nécessité d'empêcher qu'il ne s'y glisse des hérésies, et même des vices contraires à l'exactitude qu'exigent des matières aussi délicates. Mais cette surveillance, il est impossible de l'exercer, si les livres d'usage ne sont pas considérés comme la propriété du diocèse, s'il est permis à tout libraire de faire réimprimer les anciens, et d'éditer les nouveaux après un certain laps de temps. Aussi la disposition exclusive de ces livres fut-elle toujours laissée à l'évêque ou à la personne de son choix.

Dans les principes de l'ancienne monarchie, la liberté de la presse n'existait pas; aucun livre ne pouvait être imprimé sans privilége : les livres d'usage des diocèses n'étaient pas, il est vrai, exceptés de cette règle générale; mais le privilége que, pour les autres livres, tout imprimeur pouvait obtenir, n'étant ici jamais accordé qu'à l'évêque ou au libraire par lui désigné, les droits de l'épiscopat, la surveillance à exercer sur ces livres, étaient garantis par là même.

Les lois et la jurisprudence avaient consacré la distinction qui vient d'être faite entre les livres de controverse, ceux qui intéressent la religion en général, et les livres d'usage des diocèses.

A l'égard des premiers, chacun reconnaissait à l'évêque le droit attaché à son propre caractère, de connaître de la doctrine, et par conséquent de censurer toutes celles que l'Eglise n'approuve pas, de défendre aux fidèles de son diocèse la lecture de tel ou tel livre, qu'il a reconnu dangereux ou hérétique; mais M. Gilbert, avocat général, qui convenait de ce droit incontestable, dans une cause plaidée en 1754, soutint que la publication de ces livres ne tenait pas moins à la police de l'état; qu'ainsi l'impression et le débit ne pouvaient en être défendus ou permis que par le roi, ou les magistrats qui le représentent.

Seulement, pour tous les livres concernant la religion, il était d'usage de s'en rapporter à l'évêque, quant à l'approbation. L'article 23 d'une déclaration de février 1657, et l'art. 4 d'une autre, du mois de mars 1666, avaient défendu d'imprimer ou débiter aucuns livres de ce genre, qu'ils n'aient été approuvés de l'évêque, ou de celui qu'il aura commis. « Ne pourront les juges, disent ces » déclarations, empêcher le débit des livres de » dévotion et autres, qui seront imprimés *par ordre* » *et commandement des évêques, et avec leur ap-* » *probation.* » Mais cette approbation, dont le soin fut confié à des docteurs en théologie, par d'autres édits, tenait à la police générale établie pour tous les livres, d'après le principe exclusif de la liberté de la presse. Quelle que fût la qualité du censeur, l'autorité publique n'en conservait pas moins la faculté d'accorder le privilége, soit à l'auteur, soit à un ou plusieurs libraires. Les ouvrages publiés, sous le nom d'un individu, traitant de matières religieuses, étaient donc soumis aux mêmes règles que les autres productions littéraires.

Quant aux livres d'usage des diocèses, formant une classe particulière et toute spéciale, le privilége ne pouvait être accordé qu'à l'évêque, ou à l'imprimeur choisi par le prélat.

C'est ce qui résulte des différents édits et déclarations rendus sur la matière[1].

Le roi ayant accordé à certaines communautés, et à quelques particuliers, l'autorisation de faire

[1] Voyez Durand de Maillane, *Dictionnaire du droit cano- nique,* au mot *Livres.*

imprimer tous les livres qu'ils pourraient compo-
ser, ou dont ils auraient besoin, l'abus de ce privilége général ne tarda pas à se faire sentir ; une
déclaration du 4 juin 1674 le révoqua, défendant
à tout imprimeur de s'en aider, mais avec l'exception suivante : « N'entendons, néanmoins, déro-
» ger, par ces présentes, aux priviléges que nous
» avons ci-devant accordés aux archevêques et
» évêques de notre royaume, pour l'impression
» des *Missels*, *Bréviaires et autres livres d'église*,
» dont ils ordonnent l'usage dans leurs diocèses. »

La défense d'imprimer ou réimprimer aucun
livre sans approbation et privilége, fut renouvelée
par un édit en forme de règlement, du 18 février
1728, dont l'article 10 porte aussi la disposition
suivante : « Pourront, les imprimeurs et les li-
» braires, faire imprimer les Pardons, Indul-
» gences, et *autres ouvrages propres à chaque*
» *diocèse*, sur les priviléges spéciaux *qu'en auront*
» *obtenu les évêques.* »

Enfin les droits de la propriété littéraire
furent fixés par un autre règlement du 30 août
1777.

L'art. 1er défend, à tout libraire ou imprimeur,
d'imprimer ou faire imprimer aucun livre nouveau sans l'obtention préalable d'un privilége.—
Mais, d'après l'art. 2, celui qui avait obtenu le privilége, ne pouvait en solliciter la continuation, à
moins qu'il n'y eût dans le livre augmentation au

moins d'un quart : et, dans ce cas, la permission d'imprimer les anciennes éditions, non augmentées, ne pouvait être refusée aux autres imprimeurs. — Suivant les articles 3 et 4, le privilége ne pouvait être d'une moindre durée que de dix ans ; et ceux qui l'avaient obtenu pouvaient encore en jouir pendant la vie de l'auteur. — Si celui-ci obtenait le privilége en son nom, il lui appartenait, ainsi qu'à ses héritiers, à perpétuité, pourvu qu'il ne fût pas rétrocédé à un libraire ; auquel cas, la durée du privilége était réduite à celle de la vie de l'auteur. — Enfin, d'après les articles 6 et 7, le privilége d'une nouvelle édition, accordé après la mort de l'auteur, n'empêchait point d'autres libraires ou imprimeurs d'en obtenir un semblable ; il devait être donné, à ceux qui le sollicitaient, connaissance des permissions déjà accordées à d'autres.

Ces dispositions ayant pour but, ainsi qu'il est declaré dans le préambule, d'empêcher le monopole de l'imprimerie et de la librairie, ne pouvaient convenir aux livres d'usage des diocèses ; la permission accordée à tout libraire quelconque, eût été incompatible avec la surveillance qu'exigent les livres de cette nature, qui sont d'ailleurs censés appartenir à l'évêché. Aussi l'art. 13 du même édit portait-il l'exception suivante : *Les priviléges d'usage des diocèses, et autres de cette espèce, ne sont point compris dans le présent.*

Ainsi le diocèse était considéré comme un être moral qui ne s'éteint pas. Il fallait un privilége; telle était la règle générale : mais pour les livres d'usage, soit anciens, soit nouveaux, personne ne pouvait obtenir ce privilége que l'évêque, ou plutôt l'imprimeur de son choix.

Ces anciens règlements ne pouvaient survivre à la liberté de la presse, décrétée par l'assemblée constituante. Mais on ne tarda pas à sentir la nécessité de remplacer les dispositions relatives à la propriété littéraire.

La loi du 19 juillet 1793 accorda, en conséquence, aux auteurs d'écrits en tout genre, durant leur vie entière, le droit exclusif de faire vendre et distribuer leurs ouvrages, ou d'en céder la propriété; et, après la mort des auteurs, le même droit aux héritiers et cessionnaires, pendant l'espace de dix ans. La contrefaçon est réprimée au moyen de la confiscation des exemplaires, poursuivie *à la réquisition et au profit des auteurs*, ou de leurs héritiers et cessionnaires, indépendamment d'une somme de dommages-intérêts, équivalente au prix de 3,000 exemplaires pour le contrefacteur, et de 500 pour le débitant.

Le silence gardé par cette loi sur les livres d'usage des diocèses, n'a rien qui doive surprendre : protéger la religion, eût été un crime politique, à cette époque désastreuse : la constitution civile du clergé n'était pas encore entièrement abolie; mais ce nouveau code ecclésiastique n'avait été jeté que, comme un pont sur des ruines, pour arriver au renversement de tout culte ; les ecclésiastiques, à qui leur conscience n'avait pas permis de se soumettre à cette constitution, étaient déportés ; et, chose remarquable ! le même jour, dans la même séance où fut décrétée la loi sur la propriété littéraire, la convention rend un autre décret qui condamne à la déportation les évêques constitutionnels, *qui apporteraient soit directement, soit indirectement quelqu'obstacle au mariage des prêtres.*

Bientôt s'empara des rênes du gouvernement un homme d'un génie extraordinaire, et dont le plus grand titre de gloire est peut-être celui d'avoir arraché la France à l'anarchie. Bonaparte sentit la nécessité de la religion et les avantages de son influence dans le gouvernement des peuples : un concordat fut traité avec le chef de l'Eglise, et suivi d'une loi organique, laquelle consacre, dans l'ordre civil, la reconnaissance des pouvoirs spirituels, et de la juridiction des évêques, et place la célébration du culte sous la protection et la police de l'état.

Il n'existait encore aucune loi sur la publication des livres d'église, lorsque les tribunaux furent investis d'une difficulté relative à cet objet. L'évêque de Nantes ayant autorisé la veuve Malassis d'imprimer et mettre en vente un ouvrage intitulé *Publication d'une indulgence plénière, en forme de*

*Jubilé, suivie d'une instruction en forme de caté-
chisme sur les indulgences, etc.*, ladite veuve fit
saisir une nouvelle édition, puis cita l'imprimeur
et le libraire devant le tribunal correctionnel de
Nantes qui prononça la confiscation des exemplaires contrefaits, avec dommages-intérêts. Ce juge-
ment fut infirmé par la cour de justice criminelle ;
mais l'arrêt de cette cour a été cassé par arrêt de
la chambre criminelle du 19 thermidor an 12,
arrêt qui mentionne une lettre du ministre des
cultes, déclarant à l'évêque, qu'il avait le droit de
se choisir un imprimeur[1].

Fondée, au surplus, sur la loi commune à tous
les auteurs, cette première décision ne pouvait
rien préjuger à l'égard des livres d'église en général. La loi du 17 juillet 1793, ne concernant
que les productions nouvelles, était inapplicable
aux anciens usages; et quant aux livres nouveaux de cette nature, il eût été absurde et
contraire à leur destination, d'en accorder la propriété aux héritiers du prélat, qui en aurait ordonné ou composé la rédaction. Force était donc
de compléter la loi de 1793, de la coordonner
avec l'état de choses établi par le concordat, en
publiant une disposition spéciale, qui pût mettre les
évêques à même de conserver, dans toute sa pureté,

---

[1] Voir cet arrêt, et les conclusions conformes de M. Merlin,
dans son recueil des questions de droit, V° *Tribunal correctionnel.*

le texte des livres à l'usage de leurs diocèses.

Tel a été le but du décret de 7 germinal an 13 (28 mars 1804).

Art. 1. « Les livres d'église, les heures et prières
» ne pourront être imprimés ou réimprimés que
» d'après la permission donnée par les évêques
» diocésains, laquelle permission sera textuelle-
» ment rapportée et imprimée en tête de chaque
» exemplaire. »

Art. 2. « Les imprimeurs, libraires, qui feraient
» imprimer, réimprimer des livres d'église, des
» heures ou prières, sans avoir obtenu cette per-
» mission, seront poursuivis *conformément à la*
» *loi du* 19 *juillet* 1795. »

Le rapport de M. Portalis ne laisse aucun doute sur le sens de ce décret et les motifs qui l'ont dé-terminé.

« La loi, disait-il, rend les auteurs de quelque
» ouvrage que ce soit responsables de leurs écrits ;
» les évêques le sont de ceux qui traitent de la
» doctrine ecclésiastique. Et comment pourraient-
» ils l'être, si comme les autres auteurs, ils ne
» sont pas libres *de choisir* EXCLUSIVEMENT *leurs im-*
» *primeurs et libraires*, et si ceux-ci peuvent im-
» punément s'approprier l'impression des livres
» d'église ? Si cette impression ou réimpression
» n'est pas soumise à l'inspection des évêques,
» bientôt, comme cela vient d'arriver à Meaux, les
» imprimeurs dénatureront les ouvrages qu'ils pu-

» blieront ; la doctrine sera en péril , et les erreurs
» les plus graves et les plus dangereuses se propa-
» geront. L'art. 1ᵉʳ de la loi du 19 juillet 1793 ac-
» corde aux auteurs la propriété de leurs écrits
» pendant leur vie entière. *Cette disposition doit*
» *être* INDÉFINIE *relativement aux livres d'église et*
» *de prières.* Les droits résultant de la propriété ne
» doivent pas seulement appartenir aux évêques
» auteurs de ces livres : mais, sous le rapport de la
» surveillance , ces droits doivent s'étendre à tous
» les évêques successeurs. Il est ici question d'ins-
» truction, de doctrine : les évêques en sont juges et
» ils sont toujours et successivement l'un après
» l'autre responsables de celle qui se répand sous
» leur juridiction ; dès lors ils doivent conserver
» inspection sur la réimpression des livres d'église
» de leur prédécesseur , afin de ne pouvoir échap-
» per à la responsabilité. »

L'esprit du décret était donc de reconnaître les
deux choses dont nous allons démontrer l'indis-
pensabilité : faculté laissée aux évêques de choisir
exclusivement un imprimeur pour l'édition de tous
les livres d'église, et disposition indéfinie de ces
livres. D'ailleurs , en renvoyant à la loi de 1793 qui
ne prescrivait d'autres moyens de répression que
celui de la confiscation et des dommages-intérêts
à *la réquisition et au profit des auteurs*, le décret
annonçait assez que la propriété des livres d'église
était attachée au siége épiscopal.

C'est ainsi que la cour suprême en a fait l'application par deux arrêts des 30 avril 1825 et 25 juillet 1830, dont l'un a cassé un arrêt de la cour de Caen, et l'autre a confirmé un arrêt de la cour de Paris.

Cependant une cause semblable s'étant représentée, en 1836, la même cour a décidé que, la propriété de ces livres n'appartenait pas aux évêques ; qu'ils étaient, ainsi que leur imprimeur, sans qualité pour intenter l'action, le ministère public ayant seul le droit de poursuivre sur leur plainte.

Le texte de cet arrêt sera donné ci-après.

Tel est l'état de la législation actuelle et de la jurisprudence.

La proposition d'une loi nouvelle entraîne la nécessité d'y insérer une disposition spéciale relative aux livres d'usage des diocèses : dans le projet de loi, il n'en est aucune qui leur soit applicable.

Appliquerait-on l'art. 1er, lequel garantit à l'auteur d'un écrit quelconque la propriété exclusive pendant sa vie, et à ses représentants ou ayants cause pendant trente ans à partir du jour de son décès ? Ce serait se jeter dans une série d'impossibilités qui ne peut entrer dans les vues du législateur. Quel serait ici le représentant de l'évêque ? Ce ne peut être son héritier ; c'est à la dignité, aux fonctions pastorales, et non à l'individu, qu'est confiée la surveillance, la conservation des livres d'église.

Assimilera-t-on le droit des évêques à celui de l'état, des académies et autres corps savants dont parle l'art. 6 ? Mais quand les livres d'église seraient compris dans cette catégorie, et, qu'au lieu du terme de trente ans, on le prorogerait à cinquante, comme le demandent certains libraires, le but à remplir ne serait pas atteint. Dans plusieurs diocèses, on se sert encore de livres composés depuis des siècles. Tous les anciens livres rentreraient donc dans le domaine de propriété, exempts de toute surveillance, et il en serait de même des nouveaux, après un certain laps de temps ! Ce serait abolir le rescrit de germinal an 13, et cette pensée n'a pu entrer dans l'intention du gouvernement.

Les auteurs du projet ont pensé, sans doute, que l'existence de ce décret rendait inutile une autre disposition. En effet, c'est une loi particulière, et, il est de principe que les lois générales ne sont pas censées déroger aux lois spéciales ; celles-ci survivent à celles-là pour les objets qu'elles concernent, principe appliqué constamment par la jurisprudence, surtout en matière de délits et de contraventions.

Mais dès l'instant qu'une loi nouvelle est proposée, ne convient-il pas de refondre tous les éléments de l'ancienne législation sur la matière, avec d'autant plus de raison que le décret de germinal an 13 n'était qu'un supplément à la loi du

17 juillet 1793, auquel il renvoie, et que cette loi va être abolie.

D'un autre côté, l'oscillation de la jurisprudence, relativement au sens du décret, exige une disposition positive qui fasse cesser les doutes et prévienne toutes contestations.

Cela posé, nous allons établir 1° que la propriété des livres d'usage des diocèses appartient au siége épiscopal, sans que personne puisse en réclamer le domaine; — 2° que d'ailleurs le droit de surveillance des évêques, sur l'édition de ces livres, étant incontestable, la loi doit leur laisser les moyens d'exercer cette surveillance, d'une manière efficace; — 3° que l'exercice de ce droit est impraticable et la loi illusoire, si l'évêque n'a pas le droit de choisir exclusivement un imprimeur ou libraire.

I. La propriété des livres d'usage des diocèses appartient au siége épiscopal.

Ceux qui n'envisagent que superficiellement une question, se frappent ici de l'idée qu'il en est des livres d'usage des diocèses, comme de toute autre production; la propriété peut en appartenir à l'auteur pendant la durée prescrite pour tous les ouvrages; mais aucune loi n'en a transféré le domaine aux évêques; ce serait faire, de ces livres, une classe à part et les placer hors du droit commun.

Quelques réflexions suffisent pour faire éva-
nouir ce raisonnement. Que les livres d'usage
des églises forment une classe à part; ce point
ne saurait être contesté, d'après la loi qui nous
régit, et dont l'abrogation n'entre sûrement pas
dans les vues du législateur. L'auteur d'un livre
quelconque ainsi que ses héritiers ou cessionnaires
peuvent publier toutes les éditions qu'ils jugent
convenables, restreindre les précédentes ou y
ajouter, propager ainsi leur opinion sur des matières politiques, administratives ou religieuses
(il n'est pas ici question d'excepter ces dernières),
sans empêchement ni opposition quelconque ,
pourvu que le livre ne renferme rien de contraire
aux lois répressives de la liberté de la presse ; dans
ce cas même , la censure préventive ne peut avoir
lieu ; seulement le ministère public poursuit la
publication. Le même droit d'éditer une œuvre
ordinaire appartient à tout imprimeur, après le
laps de temps fixé par la loi. Quant aux livres
d'usage, au contraire, nul n'a le droit de les imprimer, sans la permission préalable de l'évêque.
Ces livres forment donc bien réellement une
classe à part, ils sont d'une catégorie toute spéciale et hors du droit commun.

Voyons maintenant si cette différence n'existe
pas aussi, quant à la destination des usages d'un
diocèse et à la propriété de ces livres.

L'auteur d'un livre ordinaire se propose un

2

double but, celui de développer les mystères de la science ou d'en étendre le domaine, mais surtout de recevoir la juste récompense de son travail. Cette récompense, la gloire qui peut en résulter, sont individuelles. Au contraire, l'évêque qui rédige ou fait rédiger un livre, à l'usage de son diocèse, et qui doit émaner de son autorité, ne travaille ni pour lui, ni pour ses héritiers, ni même pour la gloire que procure la manifestation de la science; il n'agit que pour le siége épiscopal. Après lui, il ne sera plus question de sa personne : ce seront ses successeurs qui maintiendront, de leur propre autorité, le livre à l'usage du diocèse, sauf les modifications suggérées par l'expérience. Ce droit de maintenir le livre d'usage, il n'a point été transmis au successeur, comme à l'héritier d'un auteur ordinaire : ici le successeur tient ce droit, non de l'individu, mais du siége qu'il occupe. Cette première considération suffit déjà pour démontrer que les livres d'usage d'un diocèse appartiennent au siége épiscopal. En voici d'autres encore plus évidentes.

Dans les principes de l'exacte justice, la propriété littéraire, qui est le fruit du travail, devrait être assimilée à la propriété ordinaire, et appartenir, à perpétuité, à l'auteur et à ses héritiers ou cessionnaires; si le législateur croit devoir déroger à ce principe, ce n'est qu'à raison des inconvénients, pour ne pas dire de l'impossibilité qu'il y aurait à conserver, à jamais, le droit de ce genre

de propriété. « Sur la question la plus importante,
» la durée du droit de l'auteur, dit M. le minis-
» tre de l'instruction publique, dans l'exposé des
» motifs du projet, il a paru généralement, et
» malgré des autorités imposantes, que ce droit
» n'était pas assimilable à la propriété ordinaire
» et ne pouvait être rendu perpétuel, à moins
» d'être, en même temps, protégé par un système
» de substitution et de priviléges incessibles, tout
» à fait contraire à l'esprit de nos lois ; qu'autre-
» ment ce droit, onéreux pour le public, devien-
» drait illusoire pour la famille de l'auteur, et ne
» servirait à la longue qu'au monopole des spé-
» culations privées ; que, sous ce rapport, la
» perpétuité, en matière de propriété littéraire,
» irait contre les intérêts les plus élevés de l'au-
» teur, par les chances qu'elle offrirait dans l'a-
» venir pour restreindre et, en certains cas, pour
» supprimer la publicité de son ouvrage. — Il a
» paru également difficile d'établir en faveur des
» héritiers de l'auteur, etc. »

C'est sur ces considérations, puisées, dans le véritable intérêt de l'auteur, dans l'impossibilité de le
faire jouir autrement de son droit, que le gouvernement propose de ne lui conserver ce droit
de propriété que pendant la durée de sa vie, et
à ses héritiers, pendant trente ans après sa mort [1].

---

[1] L'article 5 du règlement de 1777 accordait ce droit d'auteur

Aucun de ces motifs ne saurait être allégué, pour ce qui concerne les livres d'église. Il ne s'agit ici ni de l'intérêt d'un individu qui meurt, ni d'une famille qui s'éteint; mais du siége épiscopal dont l'existence est perpétuelle. Il n'est pas besoin d'établir un système de substitution, de privilége incessible; la substitution existe par la nature même des choses : il s'agit de livres constamment en usage, sous le nom de la même autorité. Quelqu'ancien que soit le livre, l'évêque qui le maintient, qui exige et a droit d'exiger qu'aucun autre ne soit employé, pour l'office divin, pour l'administration des sacrements, la direction des pasteurs et l'instruction des fidèles, en est toujours, par cela même, censé l'auteur, aucun individu, aucune puissance humaine ne pouvant rien prescrire de contraire au droit qu'il tient de son propre caractère.

De là, l'impossibilité de faire entrer, dans le domaine du public, des livres qui sont la règle toujours existante d'un diocèse. Prétendre que l'évêque ne peut en être réputé l'auteur, parce que ce n'est pas lui, mais son prédécesseur, qui a présidé à la rédaction, et qu'aucune loi n'en a transféré le domaine au prélat actuel, c'est un

à perpétuité, pour lui et ses hoirs, s'il obtenait le privilége en son nom; et, dans le cas de cession, il était réduit à la durée de sa vie. — Mais, comme on vient de le voir, les usages des diocèses étaient exceptés des termes de l'édit, ces livres ne pouvant rien avoir de commun avec les ouvrages ordinaires.

véritable paralogisme : disons plutôt qu'il faudrait une loi pour enlever cette propriété ; car les livres de cette nature appartiennent et n'ont jamais pu appartenir qu'au siége épiscopal, qui doit en conserver la disposition indéfinie.

C'est évidemment, dans ce sens, qu'a été rédigé le décret de germinal an 13. Comment en douter, d'après le rapport de M. Portalis, ce profond législateur, qui exerça si dignement le ministère des cultes ?

Cependant la cour de cassation a jugé le contraire. Voyons par quels motifs.

« Attendu que le décret du 7 germinal an 13,
» en disposant que les livres d'église, les heures
» et prières ne pouvaient être imprimés ou ré-
» imprimés, sans la permission de l'évêque dio-
» césain, n'a pas conféré aux évêques la pro-
» priété de ces livres, qu'il n'a fait qu'établir, dans
» l'intérêt des doctrines religieuses et de leur uni-
» té, un droit de haute censure épiscopale, du-
» quel il résulte pour les évêques celui de porter
» plainte, et, pour le ministère public, le droit
» et le devoir de poursuivre, même d'office, les
» imprimeurs qui contreviendraient à sa dispo-
» sition ; — qu'il suit de là que les évêques,
» ou les imprimeurs auxquels ils ont accordé la
» permission d'imprimer ou de réimprimer les
» livres de cette nature, sont sans qualité pour

» intenter l'action résultant de la loi du 19 juillet
» 1793 et des articles 425, 427 et 429 du code
» pénal. »

Rien de plus imposant, sans doute, qu'une décision de la cour suprême : mais un arrêt isolé
n'est pas une règle certaine et inviolable, lors
surtout qu'il est contraire à deux arrêts précédents,
non exemplis, sed legibus judicandum. L'arrêt de
1836 part d'un faux principe, et choque ouverte-
ment, à ce qu'il nous paraît, l'esprit et le texte du
décret de l'an 13. Ce décret *n'a point transféré,*
dit-il, *aux évêques le domaine des livres dont il
s'agit!* on vient de voir qu'il n'était pas besoin pour
cela d'une disposition législative, ce domaine étant
attaché, par la nature même des choses, au siége
épiscopal : et c'est ce que reconnaît le rescrit, de
la manière la plus palpable.

En effet, à défaut de la permission de l'évêque,
les imprimeurs ou libraires doivent être poursuivis, *conformément à la loi du* 19 *juillet* 1793.
Or, que dit cette loi ? Est-ce dans l'intérêt de l'état
qu'elle ordonne la poursuite ? Non : elle se borne,
au contraire, à prescrire la confiscation de l'ouvrage contrefait, *à la réquisition et* AU PROFIT *des
auteurs,* de leurs héritiers ou cessionnaires, et la
condamnation du contrefacteur à leurs dommages-
intérêts ; la loi de 1793, observons-le, ne renfer-
mait aucune autre disposition ; le code pénal de
1810 est la première qui ait ajouté à la réparation

civile une amende envers l'état [1]. A quoi donc eût abouti le décret publié, six années avant ce code, et qui renvoie à la loi du 19 juillet 1793, la seule existante alors sur la matière, si l'évêque, ou l'imprimeur de son choix, n'avait pas eu, lui-même, le droit de poursuivre l'unique action qu'accordait cette loi de 1793, savoir la confiscation et les dommages-intérêts *à la réquisition et au profit* de l'auteur? Prétendre que, pour les livres d'église, la poursuite doit se borner à l'action du ministère public, qu'elle exclut toute action civile; c'est, on ne saurait trop le répéter, travestir le décret, et fouler aux pieds la loi de 1793, qui ne formait, en ce cas, qu'une seule et même disposition, puisque cette loi ne commande que dans l'intérêt et pour le profit de la partie lésée.

Il est donc de la dernière évidence, qu'en renvoyant à la loi de 1793, le décret de 1804 regarde l'évêque comme la partie lésée; autrement le décret n'aurait pas de sens. Il est évident, qu'il considère l'évêque comme l'auteur de tout livre d'église, imprimé sans sa permission, et cela, par la raison bien simple que, formant la règle d'un diocèse, personne ne peut s'approprier un ouvrage de cette nature : quel que soit le prédécesseur qui en

---

[1] L'article 42 de la loi du 5 février de la même année, veut encore que l'édition et les exemplaires d'un ouvrage imprimé *sans le consentement de l'auteur, ou éditeur, ou de leurs ayants cause*, soient confisqués *à leur profit*.

a fait ou ordonné la composition, et l'époque où l'usage en a commencé, ces livres appartiennent au successeur, *ratione officii*, s'agissant ici, non d'un individu, d'une famille ou d'un cessionnaire, à la propriété desquels la loi peut fixer un terme ; mais du siége épiscopal, toujours le même, qui ne s'éteint jamais, et dont le droit est aussi perpétuel que l'autorité.

On ne saurait adopter un autre système, sans se jeter dans des impossibilités, sans marcher d'inconséquences en inconséquences. Il n'est pas de livres sans auteur qui en soit propriétaire ; prétendra-t-on qu'ici la propriété appartient à l'évêque qui, le premier, a rédigé le livre pour servir de règle à son diocèse ? tel est le système que la cour de cassation se vit obligée d'adopter, à une époque ou la disposition spéciale sur les livres d'église n'existait pas encore. Mais alors le droit de propriété devrait appartenir aux héritiers, ce qui serait une véritable anomalie ; et c'est, pour l'éviter, que le ministre des cultes proposa le décret de l'an 13, fondé, comme le dit son rapport, sur le motif que *la disposition doit être indéfinie relativement aux livres d'église.* Ainsi, de quelque côté qu'on envisage la question, les livres d'église ne peuvent avoir d'autre propriétaire que l'évêché, le diocèse, et par conséquent l'évêque, sous le nom et l'autorité duquel l'usage du livre est maintenu.

Le projet de loi renferme une disposition relative aux ouvrages qui ne sont point la production ni la propriété d'un individu, ceux que publient les académies et autres corps savants : malgré le changement des membres, ces corps ne sont pas moins considérés comme propriétaires des ouvrages ainsi publiés par leurs soins. Il est vrai que, l'article 6 du projet borne, à trente ans, la durée de cette propriété ; et, plusieurs libraires de Paris, demandant qu'elle soit prorogée à cinquante ans, voudraient que les livres des évêchés fussent compris dans cette nomenclature. On reconnaît donc à l'évêché le droit de propriété, de même que celui des corps savants, pour les livres publiés en leur nom.

Mais s'il y a, sous un rapport, quelque analogie entre ces ouvrages et les livres d'église ; il existe, entre eux, une différence incommensurable, pour ce qui concerne la qualité d'auteur et le droit de propriété, en ce qui regarde la durée de ce droit.

Les livres, que rédigent les corps savants, ne sont publiés que dans l'intérêt de la science. La loi, dans le même intérêt, peut donc mettre un terme à la durée du droit de propriété. Que 50 ou 50 ans après, il se glisse des fautes dans les nouvelles éditions de ces ouvrages, ce n'est qu'une incorrection de peu de conséquence. L'édition des livres ordinaires, après une certaine époque, ne présente donc pas d'inconvénients.

Les livres d'église au contraire, sont la règle constante de la conduite du diocèse. Indépendamment des altérations qu'un esprit irréligieux pourrait y insérer à dessein, la moindre omission, le plus faible changement, la transposition d'un seul mot, peut entraîner une erreur capitale, erreur dangereuse en matière de religion, mais qui l'est infiniment, quand il s'agit de livres de direction, publiés sous le nom d'un évêque.

Ces livres ne peuvent donc être confondus avec d'autres ouvrages. La propriété de ceux-ci n'ayant qu'un terme, voilà pourquoi ils peuvent être édités, sans le consentement de l'auteur ou des corps savants, après l'expiration de ce terme. Si pour la réimpression des livres d'église, la loi exige, au contraire, qu'elle ne puisse jamais avoir lieu, sans la permission de l'évêque, c'est parce que la nature même et l'usage de ces livres exigent que la propriété en soit indéfinie. Le droit de consentement de l'évêque dérive donc du droit de propriété; il est difficile de comprendre l'un de ces droits sans l'existence de l'autre, à moins de voir dans ce consentement un droit de censure sur une partie des livres abandonnés au domaine public, système absurde, et qui serait contraire à la législation sur la presse!

II. Supposons, pour un instant, que la propriété des livres d'église n'appartienne pas à l'évêque qui occupe le siége; du moins on ne saurait lui contester le droit de surveillance active et continue : fondé sur les lois canoniques, ce droit est également reconnu par la loi civile.

Les art. 9 et 14 de la loi organique du concordat déclarent que, *le culte catholique sera exercé sous la direction des archevêques et évêques dans leur diocèse, et qu'ils veilleront au maintien de la foi et de la discipline.* Enfin l'art. 6 place au nombre des causes qui peuvent donner lieu à l'appel comme d'abus devant le conseil d'état, *l'infraction des règles consacrées par les canons.*

Mais comment l'évêque pourrait-il exercer la haute mission qui lui est confiée par l'église et reconnue par l'état; comment lui serait-il possible de veiller au maintien de la foi et de la discipline, s'il n'a pas la direction exclusive des moyens de publicité des livres destinés, dans son diocèse, à l'instruction des fidèles, à la direction des pasteurs, à l'administration des sacrements, à la conservation des rites, et à la célébration de l'office divin?

Consacrés par la loi actuelle, l'importance de cette mission et le droit qui en résulte, ont été proclamés par la jurisprudence de la cour suprême. « Il est impossible, a-t-elle dit, dans un premier » arrêt du 29 thermidor an 12, d'ôter aux évêques » le droit de surveiller l'édition (des livres d'é- » glise), et de donner leur confiance à un impri- » meur, etc. — L'enseignement religieux, dit un » autre arrêt du 30 avril 1825, est la fonction la » plus essentielle de l'épiscopat; les évêques sont

» les ministres de la parole divine ; il leur appar-
» tient exclusivement de l'enseigner ou d'en délé-
» guer, d'en diriger et d'en surveiller l'ensei-
» gnement ; le catéchisme d'un diocèse est le
» livre qui sert de base à cet enseignement, il ne
» peut donc être rédigé et publié que par l'évêque
» diocésain, comme il ne peut être enseigné que
» par ses ordres et sous sa surveillance ; *il en est*
» *dès lors l'auteur exclusif et nécessaire.* » — C'est
sur les mêmes considérations qu'est fondé l'arrêt du
23 juillet 1830. — Enfin par son arrêt du 28 mai
1836, tout en déniant à l'évêque la propriété des livres d'église, par le motif (dont on vient de démontrer la singularité), qu'aucune loi ne lui en
avait transféré le domaine, la cour reconnaît, toute-
fois, *la haute censure épiscopale, dans l'intérêt des*
doctrines religieuses et de leur unité.

Ainsi, abstraction faite du droit de propriété,
celui de haute surveillance n'est ni contesté, ni
contestable. L'exercice de ce droit ne peut donc
être entravé par une mesure législative ; l'évêque,
au contraire, doit trouver dans la loi, les moyens
de l'exercer d'une manière efficace. Entendu
dans son véritable esprit, le décret de 1804 présente une garantie suffisante ; et il n'entre pas,
on le répète, dans les vues du gouvernement et
des chambres, d'enlever aux évêques le droit qui
leur est assuré par la législation actuelle. Loin de
vouloir porter atteinte aux droits acquis, le but

de la loi nouvelle est de prolonger, autant que
possible, la propriété littéraire et de résoudre les
difficultés de la matière. De là résulte la nécessité
d'une disposition claire et positive, qui lève tous les
doutes, et rende praticable l'exercice du droit de
surveillance sur les livres d'usage des diocèses.

III. L'exercice de ce droit est impraticable et
la loi illusoire, si l'évêque n'a pas la faculté de
choisir exclusivement un imprimeur ou libraire
pour la réimpression des livres, soit anciens, soit
nouveaux, destinés à l'usage de son diocèse.

Ce choix semblerait résulter de l'obligation d'obtenir le consentement de l'évêque. A quoi pourrait, en effet, aboutir ce consentement, si celui qui
l'a obtenu peut être dépouillé du droit qui en résulte ?
Néanmoins, dans le sens attribué à la loi actuelle
par le dernier arrêt de la cour suprême, la con-
travention serait exceptée de la règle générale :
quoique tout délit donne lieu à deux actions,
l'une dans l'intérêt de la vindicte publique, l'autre
dans celui de la partie lésée, il n'y aurait ici
ni action civile, ni partie lésée ; l'évêque ne serait
que le provocateur de l'action du ministère public
tendant à faire condamner le contrevenant à l'a-
mende, sans que l'imprimeur de l'évêché pût obtenir le moindre dédommagement. Il serait
difficile de concevoir une idée plus singulière, de
créer une anomalie plus frappante que celle d'une

disposition semblable, disposition qui ne tendrait qu'à assurer l'impunité du délit.

S'il est libre à tout imprimeur ou libraire d'éditer les usages d'un diocèse, moyennant le consentement de l'évêque, il suffit donc de requérir ce consentement, le prélat ne peut le refuser; quels pourraient être les motifs de son refus? L'impression de ces livres étant abandonnée à la concurrence, il n'aura droit de se plaindre ni du format, ni de la qualité du papier, ni de la nature des caractères. Ce consentement n'est donc qu'une dérision, puisqu'il serait forcé de le donner, à moins de s'exposer, par un refus, à des difficultés sans nombre et sans fin.

Mais ce n'est point à la formalité d'un vain consentement que doit se borner la surveillance, la haute censure dont personne ne conteste le droit : s'assurer de l'exactitude de l'édition, empêcher qu'il ne s'y glisse des changements ou des altérations, voilà en quoi consiste cette surveillance; et comment voudrait-on que le prélat pût l'exercer sur les presses d'un ou de plusieurs imprimeurs souvent éloignés, qu'il ne connaît pas, et auxquels il aura été forcé de donner son consentement, quoiqu'ils ne lui présentent aucune des garanties qui lui seraient assurées par un imprimeur de son choix?

Admettons que l'évêque dont le consentement est requis puisse le refuser, ce qui paraît assez naturel; à quoi tendra ce refus, ou plutôt la découverte d'une édition imprimée à l'insu de l'évêque, ainsi que cela se pratique journellement? Il aura, dit-on, *le droit de plainte*, et le ministère public est tenu d'agir sur sa dénonciation. Mais d'abord est-il de la dignité d'un prélat d'agir par cette voie, de requérir ainsi contre les parties des poursuites qui, de sa part, ne peuvent être considérées que sous un rapport odieux? tandis que s'il a le choix d'un imprimeur exclusif, droit accordé aux évêques dans tous les temps, la position de celui-ci est aussi simple que naturelle. Comment d'ailleurs serait-il possible à un évêque de se mettre à la recherche d'une multitude d'éditions clandestines dont l'impunité encourage l'industrie, de requérir des poursuites sans nombre, non-seulement dans son diocèse, mais partout ailleurs? L'imprimeur de l'évêché est le seul qui puisse être à même de connaître les infractions et de les faire réprimer. La différence qui existe à cet égard entre la position d'un laïque et celle du supérieur ecclésiastique est facile à concevoir : l'un inspirera des craintes salutaires aux contrevenants, qui se rassurent, au contraire, sur la longanimité du prélat, dont ils espèrent du moins une meilleure composition.

Les divers genres de livres d'église tendent aussi à favoriser les contraventions, au détriment du diocèse. Ces livres se composent de

petits formats d'un débit facile, et de gros volumes
tels que les missels, antiphonaires, graduels et
rituels d'un très-long débit, et dont l'édition est
fort coûteuse : ces derniers livres resteront infail-
liblement à la charge du diocèse ; quel est l'éditeur curieux de se charger de l'énorme dépense
qu'exige leur impression, si, loin de trouver une
compensation dans les volumes d'une petite dépense et d'un très-grand débit, il en est privé
par la libre concurrence, multipliant à l'infini les
éditions de ces livres d'un petit format, que non-
seulement les prêtres, mais, comme le disait Si-
mon Marion, dans le plaidoyer prononcé par ce
magistrat en 1586, « les gens de métier, les la-
» boureurs, les femmes, les enfants et en un
» mot tout le menu peuple, qui n'en peut juger,
» est néanmoins contraint d'en avoir, voire tant
» qu'un nombre infini de ceux-là même, qui ne
» savent pas lire, tiendrait à indécence d'être sans
» heures. »

Les catéchismes, objet si important pour l'instruction des fidèles, sont également du nombre
des livres d'un débit facile ; et quoique ce genre
d'instruction soit exclusivement confié aux évêques, partout on imprime les catéchismes sans leur
permission, et même malgré leur opposition,
comme l'a déjà tenté un imprimeur, dans le diocèse de Séez.

Ces différents livres, dont le débit est facile

et l'édition si peu coûteuse, vont se multiplier à l'infini, sans qu'il soit possible d'exercer une surveillance utile sur cet objet important, tandis que, d'ici à cinquante ans, les grands usages des diocèses se trouveront abrogés par le seul fait de l'impossibilité d'avoir un imprimeur qui voulût en hasarder la dépense, faute de trouver une compensation dans la vente journalière des petits formats.

La permission de l'évêque qu'exige la loi, serait donc une mesure parfaitement illusoire et qui prêterait à mille inconvénients, si l'évêché n'avait pas un imprimeur exclusif pour les livres à l'usage du diocèse.

Le choix d'un imprimeur réunit tous les avantages, sans aucun des inconvénients qui viennent d'être signalés.

On conçoit, en effet, que l'évêque puisse surveiller, exactement, la correction d'une édition qui se fait, sous ses yeux, ou par la personne qu'il juge convenable de déléguer. Mais surveiller les éditions, sans nombre, qui pourraient être entreprises dans son diocèse et hors de son diocèse, c'est une chose moralement impossible ; et cependant, on le répète, il s'agit ici de matières délicates, où le moindre changement peut avoir des conséquences funestes pour la doctrine, et contraires à la décence qu'exige le service divin. Que dans un livre de chant seulement, l'erreur ne consiste que

3

dans la substitution d'une clef, d'une note à une autre, ou de tout autre signe indicatif, cette erreur suffit pour exciter de la confusion.

La liberté du choix d'un imprimeur présente d'autres garanties, soit pour la convenance, soit pour la durée. L'évêque peut faire ses conventions pour le format, le caractère et le papier. Que chaque imprimeur, au contraire, soit libre d'éditer, moyennant une approbation que l'évêque ne pourra refuser à défaut d'accomplissement de ces conditions, un spéculateur avide, s'emparant du moment où les grands livres seront épuisés, fera paraître les formats les plus discordants et les plus incommodes, les caractères les plus mal formés, les papiers les moins durables. En deux ou trois ans, et peut-être moins, des feuillets entiers des missels, des livres de chant seront usés et enlevés ; chacun sait que les éditions faites, sur mauvais papier, s'usent et disparaissent comme du chiffon, tandis qu'on se sert encore des livres de chant édités il y a cent ans. Et, ce n'est pas chose peu importante pour les offices, que d'avoir des livres intacts.

Un autre avantage à apprécier, c'est que, maître, par le choix de son imprimeur, de fixer le nombre d'exemplaires, l'évêque peut faire concorder ce nombre avec les besoins présents du diocèse, et se donner ainsi le moyen ou à ses successeurs, lorsque l'édition sera épuisée, d'en faire une autre, avec les améliorations qu'exige l'expérience.

Il faut renoncer à tous ces avantages, si chaque
imprimeur est libre d'éditer, sous la simple condition d'un consentement, que, dans cette hypothèse,
l'évêque ne pourrait refuser. Les éditions se multipliant à l'infini, toute amélioration devient impossible, à moins de froisser l'industrie des
libraires, l'intérêt des fabriques, et même celui
des fidèles. Pour opérer les modifications dont il
s'agit, il faut procéder avec prudence et en temps
opportun : autrement on s'expose à exciter des
commotions, à recevoir des plaintes toujours désa-
gréables pour le caractère d'un prélat. Et comment
l'opportunité d'une amélioration pourra-t-elle se
rencontrer, si, loin d'avoir le droit de diriger la
forme et de fixer le nombre des exemplaires d'une
édition, il est forcé de s'en rapporter aux spécula-
tions de l'industrie ?

Prétendrait-on que la liberté de la presse forme
obstacle à ce que la prétention des évêques soit
accueillie? Vaudrait autant dire que la défense d'é-
diter, sans le consentement d'un auteur pendant
sa vie, et 30 ou 50 ans après sa mort, est contraire
à cette liberté. On ne saurait disputer le droit de
propriété à un corps quelconque; par quelle raison
l'évêque en serait-il exclu? Si, pour les livres ordinaires, le législateur croit devoir borner la durée
de cette propriété, c'est, comme on l'a dit, dans l'intérêt des sciences et des arts, dont les progrès sont

aussi variables que continuels, et, qu'après 50 ou 50 ans, ce droit serait sans utilité pour l'auteur. Mais la plupart des livres d'usage des diocèses existent depuis des siècles, et l'on ne peut y apporter que de légères améliorations pour la forme et jamais sur le fond. Le terme fixé au droit de propriété des ouvrages ordinaires, ne peut donc convenir, sous aucun rapport, aux livres d'usage d'un évêché, dont l'existence est perpétuelle.

En quoi consistent d'ailleurs ces usages ? Il n'est ici question, ni des ouvrages de controverse, ni de ceux de théologie, qui offrent un vaste champ à la concurrence; il ne s'agit, encore une fois, que des livres destinés à un diocèse par l'évêque, et publiés, en son nom, ou de son autorité; et de ces livres dont on a donné la nomenclature, il n'en est aucun qu'il soit convenable de laisser à la disposition du premier occupant.

L'argument puisé dans la liberté de la presse et de l'industrie est donc insignifiant. D'ailleurs, pour prouver trop, il ne prouve rien. En partant de cette liberté absolue, la réimpression des anciens livres d'usage ne devrait donc être assujettie à aucune autre condition que celle des livres ordinaires. Cependant, dans le système le plus opposé à l'épiscopat, dans le sens tout à fait extraordinaire auquel on a voulu restreindre le décret de germinal an 13, les livres d'usage des diocèses, soit anciens, soit nouveaux, ne peuvent être im-

primés, sans la permission de l'évêque. Ce n'est
là qu'une conséquence du droit de propriété du
siége épiscopal auquel ces livres n'ont jamais cessé
d'appartenir, droit inaliénable et aussi imprescrip-
tible que le siége même ; on croit l'avoir démontré. En fût-il autrement, chacun reconnaît le droit
de haute censure épiscopale ; prendre ici dans un
sens absolu la liberté de la presse et de la concurrence, ce serait donc détruire la liberté de la religion.

Nous avons démontré également que cette haute
censure, cette surveillance dont l'Eglise impose
l'obligation aux évêques et que la loi civile leur
recommande aussi, il leur est impossible de
l'exercer, de pourvoir à la direction du clergé et
des fidèles, de veiller enfin au maintien de la foi
et de la discipline, si, au lieu de leur laisser,
pour les livres destinés à cet usage, le choix d'un
imprimeur, il y a libre concurrence, moyennant
une permission qu'il est facile d'éluder et qu'il
ne serait pas possible au prélat d'accorder en connaissance de cause. Formulée dans ce sens, la loi
serait illusoire, les infractions impunies, et la célébration du culte essentiellement compromise.

Il est donc nécessaire d'ajouter, à l'article 6 du
projet, une disposition spéciale et exceptionnelle,
qui déclare les diocèses propriétaires des livres
destinés à leur usage, et en défende l'impression
ou la réimpression, sans la permission des ar-

chevêques ou évêques diocésains, sous les peines et à charge des dommages-intérêts prévus par les articles 18 et suivants.

Portée dans les anciens règlements sur la propriété littéraire, cette disposition spéciale résulte aussi du texte et de l'esprit du décret du 7 germinal an 13. Il ne s'agit donc pas ici de créer un privilége, d'introduire une innovation, mais seulement de maintenir, pour les livres d'église, qui n'ont rien de commun avec les productions littéraires, ce qui a existé de tout temps, par la nature et la force des choses.

Besançon, 1er mars 1841.

CURASSON, *avocat.*